내 마음의 소리를 듣는다

내 마음의 소리를 듣는다

초판1쇄 인쇄 2024년 11월 15일
초판1쇄 발행 2024년 11월 28일

지은이   홍옥자
펴낸이   이대현
편집   이태곤 권분옥 임애정 강윤경
디자인   안혜진 최선주 강보민
마케팅   박태훈 김동건

펴낸곳   도서출판 역락
출판등록 1999년 4월 19일 제303-2002-000014호
주소   서울시 서초구 동광로 46길 6-6 문창빌딩 2층 (우06589)
전화   02-3409-2060
팩스   02-3409-2059

홈페이지 www.youkrackbooks.com
이메일   youkrack@hanmail.net

ISBN   979-11-6742-872-1 03810

정가는 뒤표지에 있습니다.
잘못된 책은 바꿔드립니다.

내 마음의 소리를 듣는다

홍옥자 시집

역락

홍옥자 시인

교정에서 맺은 우정 60년 동창 모임.(2024.8.)
세 번째 줄 오른쪽 분홍 상의 입은 사람이 필자.

3·8 여인의 날 윷놀이 전통문화 체험 및 건강강좌,
명예회장 최영철 한말씀 듣는 장면.(2022.3.)
왼쪽 줄 왼쪽으로 두 번째가 필자.

건당 100주년 경축 문학창작 좌담회.
앞줄 왼쪽 네 번째가 필자.

문학생활회 문학기행.(2024.5.)
뒷줄 왼쪽 세 번째가 필자.

문학생활회 시화전에 참가하며.(2024.5.)

대련 조선족 노인 고희년 숙하 모임.
앞줄 왼쪽 두 번째가 필자.

제2회 문학상 북경 동계올림픽컵 시상식 단체사진.(서교골프장, 2022.8.)
뒷줄 왼쪽 다섯 번째가 필자.

축사

일상에는 삶의 시가 있다

남춘애 교수*

왕언니라 생각하며 가까이로 갔던 홍옥자 시인님께서 오늘 시집 출간을 하심에 진심으로 함께 기쁘다. 팔순을 바라보는 나이에도 훌륭한 사람을 따라 배울 수 있는 용기를 마음속에 품고 그것을 실천하며 산다는 것은 참 멋스러운 일이 아닐 수 없다. 일본의 97세의 유명한 작가 시바타 도요 할머니의 사연을 읽고 꿈과 희

---

* 현재 산동 외국어대학교 교수로 재직 중.
문학박사, 교수. 내몽골 출신. 연변대학 조문학부 졸업. 고등학교 국어교사. 대한민국 충남대학교 문학박사. 미국 국제 선진 학교 교사. 대련민족대 외국어대 교수(2023년 퇴직). 대련 조선족문학회 회장(역임). 대련 안중근 연구회 부회장(역임).
논문 및 저서 : 국제논문: 40여 편 발표, 학술 저서 2부 출간, 번역서 1부 출간. 편저 대련 조선족 문학 작품집 1권 2권 발행 편집 출간.

망에는 나이도 퇴직도 없다는 말의 참뜻을 깨닫고 계시는 홍옥자 시인님께 박수를 보내드린다. 이와 같은 마음의 받침이 있었기에 매일 매일을 글쓰기로 곱게 채우는 일상을 보낼 수 있지 않았나 생각해본다.

홍옥자 시인이 일찍 수첩 몇 권에 시들이 꽉꽉 적힌 것을 나에게 보여주며 내놓기가 부끄럽다 하신 일이 떠오른다. 나는 시인이 깊은 사색과 동무하는 삶을 이어가고 계신다는 것을 그 수첩을 통해 알게 되었다. 자꾸 삶이란 무엇인지, 죽음이란 무엇인지 살아간다는 건 무엇인지 끊임없이 뇌리에 떠올라 그것들을 수첩에 적다 보니 시가 몇백 수가 모였다고 하여 읽어보니 시 한 수 한 수가 마음의 질문과 삶의 소리들을 하나하나 옮겨 적은 글들이었다. 시적 주인공 내면의 세계를 크게 그리지 않고 아담하게, 만질 수 있게 그렸다는 느낌이 너무 좋았다. 작은 것을 쓰고 진실한 내면의 모습을 그려내고 그다음 그것들이 던져주는 질문들을 시로 쓰고…

글쓰기란 모종 의미에서는 질문을 던지는 일이라 할 때 홍옥자 시인은 지금 그 높이에 섰음이 자연스럽게 입증된다. 마음의 깊은 곳에 있는 생각들을 길어 올리는 것은 모든 문학이 짊어진 기본 의무다. 인류 역사에서 현존하는 문학의 장르 중 제

일 먼저 나타난 것이 시가이고 문학인에서도 시인을 앞자리에 모셨던 전통이 있었다. 물론 세월이 낡아가면서 모든 것에 변화가 와서 시가 기타 장르에게 자리 양보를 많이 하고 있긴 하지만 시가는 문학을 일상화하는 데서는 역시 두 번째 가라고 하기는 어렵다.

삶은 삶을 가꾸는 사람을 항상 후히 대하는 법이다. 홍옥자 시인은 새벽에 일어나서 펜대를, 걷다가도 영감이 튕겨 나오면 또 펜을…… 수시로 생각조각들을 차곡차곡 모으는 작업에 그침이 없었다. 이렇게 만들어진 것이 모여 오늘은 일약 『내 마음의 소리를 듣는다』란 시집까지 내게 되었다.

다시 한번 경하 보내면서 삶을 여유롭게 다루는 그 모습, 내내 이어가시기 바란다. 마지막으로 홍옥자 시인님 시집 제2탄을 기대하면서 문학을 가운데 놓고 함께 했던 순간들을 아름답게 기억하련다.

2024년 10월 21일
산동 외대 연구실에서
남춘애

축사

친구 시집 출간을 축하하여

정금월

지난 2024년 8월 28일 우리는 연길에서 동창 모임을 가졌다. 모임에서 홍옥자의 시집 출간 소식을 전해 들었다. 그는 동창들의 모임이라면 먼 길도 달려와 주고 동창들에 대한 우정이 남다른 언니 같은 친구이다. 오래전 우리 동창생 한 분이 교통사고로 하늘나라로 떠나 갔었는데 멀리 타향에서 부조금과 함께 시 한편을 써서 보내 왔었다. 그 시를 아래 적는다.

친구를 보내면서

강물은 조용히 흘러갑니다
소중했던 친구는 말없이
떠나갑니다.

구름 타고 멀리 저 멀리로
우리에게 한결같은 마음
남겨 두었기에
우리는 그대를 잊지 않고 있습니다.
그의 이름을 다시 한번
불러 봅니다.
친구여, 그동안 고마웠어
잘가요. 나의 좋은 친구여!

때론 옥자의 글에 매료되기도 한다. 잔잔한 그리움과 우정을 시로 친구의 마음을 파도처럼 일렁이게 할 때가 있다. 글도 사람을 닮아 간다고 하였던가, 그의 순수함과 진실한 마음이 그대로 글에 표현 되는 것이 아닌가 하는 생각을 해 보군한다. 어쨌거나 옥자는 참으로 장하다고 생각한다. 곁에 있으면 꼭 안고 같이 기뻐해주고 싶은 마음이다. 내 마음 알지?! 아래에 나의 그 마음을 편지처럼 몇 글자 적는다.

<옥자야, 우리 사는 곳은 서로 멀리에 있어도 마음은 함께이니 나이에 묻혀 살지 말고 학창시절 청순한 마음을 그대로 살아

가자. 그리고 그 마음 간직한 채 좋은 추억들 많이 쌓아 가면서 남은 인생길 우리 서로 손잡고 끝까지 함께 가보자. 너의 시집 출간을 진심으로 축하한다. 그리고 함께 자랑스럽다. 사랑해 나의 친구야!>

2024년 9월 5일
연길에서
너의 친구 정금월

축사

사랑하는 어머니,
시집 출간 축하드립니다

박선화

우리 어머니께서 글쓰기를 좋아 하신다는 것은 알고 있었지만 시집을 출간 한다는 것까지는 생각밖에 일입니다. 나이라는 두 글자를 극복해 가면서 어머니의 글쓰기에 대한 애호와 열정은 늘 보아 왔습니다. 어머니 앞에서 한번도 표현해 본 적은 없지만 우리 어머니 너무 자랑스럽습니다. 어머니, 사랑하는 우리 어머니, 어머니 시집 『내 마음의 소리를 듣는다』 출간을 진심으로 축하드립니다.

앞으로 어머니께시 언세까지 글을 볼 수 있고 글을 쓸 수 있을지 알 수는 없지만 자식으로서 어디까지나 응원하고 지지해 드리겠습니다. 평생을 자식과 가족을 위하여 한몸을 바쳐 오신 우리 어머니! 어머니의 고생을 우린 다 알고 있습니다. 인젠 자식에 대한 부담감을 모두 내려놓으시고 편한 마음으로 어머니께서 하고 싶은 일을 찾아 하시면서 우리 곁에 오래오래 있어 주세요. 어머니 사랑합니다!

2024년 9월 8일
어머니 딸 박선화 배상

시인의 말

시집을 내면서

　나의 시집이 곧 출간된다. 사실 나는 시집 출간에 대해 꿈에도 생각해 보지 못한 일이고 상상도 해보지 못했던 일이다. 이는 나로선 큰 행운이라고 생각하고 내 인생에 큰 자랑이라고 말하고 싶다.
　나는 가난한 가정의 칠남매 중 외동딸로 태어나 부모의 사랑을 듬뿍 받으며 자랐다. 사랑을 받은 만큼 부모님들이 나에 대한 기대도 컸었다. 나는 부모님들의 기대에 보답하려고 소학교에 입학하여 열심히 공부하여 6년 우등생으로 당선되었고 우수한 성적으로 소학교를 졸업하였고 더 큰 꿈을 안고 중학교에 입학하였다. 그런데 중학교 3학년에 올라가자 전국적으로 문화대혁명이 일어나면서 학교 수업이 중단되었다.
　그 후 몇 년이 지나 국가의 교육제도가 회복이 되어 황폐화

되었던 학교 문이 열려 학교도 다시 다닐 수 있는 기회가 되었고 많은 청년들이 도시로 추천 받아 계속 공부를 더 하거나 일자리를 찾기도 했다. 하지만 나에겐 그런 기회가 따르지 않았다. 아버지가 정치적 문제가 있다는 이유 아닌 이유였다. 우리 아버지는 제대 군인이셨고 우리 마을의 농촌 발전과 나라 발전에 혼신을 다 바치신 훌륭한 아버지셨다. 하지만 그때로선 억울해도 어디에 가 말해 볼 곳도 없었다. 그렇게 나는 꿈과 희망을 놓쳐 버린 채 수십 년이란 긴 인생 여정을 지나 여기까지, 팔십 고개가 눈앞에 보이는 여기까지 와 버렸다.

기나긴 힘든 삶의 길에서도 어릴 적 꿈만은 마음속에서 잊어 본적이 없다. 어릴 적 나의 꿈은 공부를 잘 하여 멋있는 작가가 되는 것, 학교 선생님이 되는 것이 나의 간절한 꿈이었다. 요즘 들어 삶이 편안하고 시간이 넉넉하니 어느 순간부터인가 살아오면서 늘 마음에 잊지 않고 품어 왔던 나의 꿈이 다시 생각되었다. 꿈과 희망엔 나이도 퇴직도 없다는 말이 있다. 일본의 『약해지지마』란 시집을 발표한 97세의 유명한 작가 시바타 도요 할머니의 사연을 읽었을 때 나는 가슴이 감동의 도가니 속에 빠짐을 느꼈다. 삶은 나이가 든다고 식어 가는 것이 아니라 인생의 완성 과정을 잘 가꾸어 가는 것이 참된 인생이란 것을 깊이 깨달았다.

　나는 안다. 내가 어떤 큰 인물에 비교는 되지 않지만, 그래도 그들을 따라 배울 수 있는 용기는 얼마든지 내 마음속에 살아있다. 그래서 배움의 끈을 놓지 않고 책을 통해 유명한 문인들의 사연도 열심히 읽으면서 많은 것을 느끼고 배워 갈 수가 있었다. 그리고 더 배워 가려는 일념 하나로 대련 조선족 문학회에 입회하여 훌륭한 문인들과 함께 하게 되었었다. 그때가 2021년 봄이었다. 설레는 마음을 안고 멋진 작가 선생님들과 한자리에서 문학에 대해 배우는 시간과 시간들이 참 보람스러웠다. 협회의 남춘애 회장님의 강의를 들으면서 문학이란 개념과 글 쓰는데 좋은 말씀을 통해서 전에는 몰랐던 많은 것들을 터득하게 되었다. 그 후 나도 다른 문인들처럼 한번 도전해 보리라는 마음을 다지고 나름대로 글 제목을 달고 수필 한 편을 써 보았다. 그런데 투고한지 얼마 지나지 않아 그 글이『송화강』문학지에 발표되기로 결정이 났다는 문자를 받았다. 너무 놀랍고 기쁜 소식이었다. 아, 나도 하면 되는구나 하는 생각이 늘고 더욱 큰 신심이 생겼다. 그 이후로 여러 잡지에 글을 발표하기 시작하였다. 이렇게 수필로 문학의 길에서 걷기 시작한 내가 오늘 작품집으로는 시집을 내게 되다니…

나는 내가 쓴 시에 대해선 내 스스로도 감이 별로 안 선다. 그래서 시를 한 수 쓰고는 늘 생각에 빠지곤 하였다. 비록 내가 금이야 옥이야 사랑하는 글이지만 이 시들을 가지고 시집을 낼 수 있을까에 걱정부터 앞섰다. 나는 나의 시에 문학성이 부족하다는 것을 자주 느낀다. 너무 직설적이어서 시의 깊이가 부족한 것도 안다. 내 시는 그저 꾸밈없이 나의 인생이야기들을 요기서 조기서 조금씩 담아낸 내 마음의 소리들이다. 내 마음의 소리를 내가 쓴 시에서 들을 수 있다고 생각하면 가슴이 참으로 뿌듯하다. 잘 쓰고 못 쓰고는 시인들에게 해당한 것이지 삶을 시에 담는 나에게는 너무 화려한 요구라 생각하니 마음이 편해진다. 인생은 부족함을 채워가는 과정이니 괜찮을 것이다. 이렇게 생각이 찾아올 때마다 꽁다리 연필로 그것을 시로 옮기긴 했어도 내가 시집을 낼 마음을 먹기까지는 가지 못했다. 어쩐지 시집을 내기엔 아직 거리가 너무 멀고 시들이 너무 초라해보였다. 그런데 남춘애 회장은 이런 나에게 출판 관련 상식을 얘기해 주면서 이미 적어놓은 시들을 시집으로 내면 좋겠다는 제안을 여러 번 보내 와 나 역시도 시집을 내야겠구나 하는 생각을 굳혔다. 회장님은 바쁜 시간을 짜 내어 맞춤법을 비롯한 부족한 점들에 대해 지적해 주시고 그런

부분을 채워도 주시면서 여러 가지로 많은 도움을 주셨다. 사실 말이지 내 혼자서는 시집을 낸다는 것은 상상도, 엄두도 낼 수 없는 일이다.

곧 내 시집이 세상 사람들과 만나게 되다니, 마음이 벅찬 나날들이다. 이 기회를 빌려 내 문학의 길에 훌륭한 멘토가 되어 주신 존경하는 남춘애 회장님께 진심으로 감사 드린다. 언제까지나 잊지 않으련다. 그리고 엄마의 시집 출간을 응원해 주고 축하를 아끼지 않은 우리 아들과 딸에게도 고마운 마음이 가득하다.

앞으로 여기에서 멈추지 않고 문학의 밭을 갈고 또 갈아 언제까지 될지 모르는 인생을 계속 시로 그려가며 살아 가련다.

차례

축사	일상에는 삶의 시가 있다 남춘애	13
	친구 시집 출간을 축하하여 정금월	16
	사랑하는 어머니,	19
	시집 출간 축하드립니다 박선화	

| 시인의 말 | 시집을 내면서 | 21 |

1부

어느 날 문뜩	37
꿈	39
내 동네	40
오월의 밤	41
어릴 적엔	42

우정	44
빛나는 삶	45
날 사랑하리	46
나답게 떠나리	47
하늘을 바라보라	49
타향살이	50
뒤늦게 알았네	51
사랑의 눈물	53
문학의 길	55
순간 순간	57
엄마들의 본성	59
연필로	60
천지꽃	62
한 소녀의 이야기	64
노력이란	66
빈 자리	68
마음	69
저 하늘의 별	70
욕심	71
거울	72
코스모스	73

세월	74
가을 녘에서	75
오늘 하루	76
첫날 옷	77
우리네 동창들	78
숨기고 싶었던 가난	80
새봄	81
항상 응원할게	82
생각	84
편지 한 장	86
뒤늦게 알았네	87
열차	88
우리 아버지	89
타향의 밤	90
가족, 그리고 나	91
슬퍼도 힘내	92

2부

고향 마을	95
짐	96
여명	97
노을	98
고마운 인연	99
그땐 왜 몰랐을까	100
나무와 잎사귀	101
그냥	102
멋진 인생	103
책은 아름답다	104
인생 역전	105
바보가 아니야	106
보고 싶다, 철이야	108
가을비	109
사랑	111
다시 태어난다면	112
왜 사는가고요?	113
어느덧	114
물어보지 마세요	115

보고 싶었어, 아들!	117
어머니 꽃	118
참 빨리도 왔네	119
당신 (1)	121
당신 (2)	122
내 고향 진달래	123
눈물	124
완벽함보다	125
저 달은	126
목표가 있으면	127
십년만 젊었으면	128
좋은 인연	129
첫사랑 (1)	130
첫사랑 (2)	131
인생	133
친구를 보내면서	134
그때가 그립구나	135
엄마는 수수께끼	136
삶이 바뀌였다	138
우리 딸	140
부모와 자식	142

천천히, 천천히	143
마음까지 명품으로	144
미소	145
무명이면 어때서	146
삶의 의미	147
빛 바랜 사진 한 장	148

3부

나이 듦과 행복	151
할 일이 많은데	152
밤중	153
고마운 선생님	155
청명이 오면	156
쪽방살이	158
별을 세다	159
친구와의 전화	160
정과 사랑	162
청춘을 돌려다오	163
인숙아, 해옥아	165

행복 (1)	167
행복 (2)	168
어머니 (1)	169
어머니 (2)	171
어머니 (3)	173
어머니 (4)	174
최고의 선물	176
웃으며 살아요	177
주인 없는 전화번호	178
마음만은 넉넉히	179
어울림	180
뉘우침	181
다시 생각해 보니	182
더불어 사는 세상	183
생명체	184
심성이 고와야	185
새벽안개	186
어느 순간	187
잊지 마세요	188
시누이들	189
전화벨 소리	190

꽃처럼	191
보름달	192
친구가 최고야	193
맛과 멋	195
욕심쟁이	196
슬픔과 견뎌냄	197

4부

남은 삶 만큼은 …	201
왜 못 잊어 하나	202
뿌리	203
멋진 사람	204
나이답게 멋을 부리자	205
새로운 삶	206
시련	207
황혼 인생	208
고독을 이겨내자	209
구름 한 쪼각	211
세월은 내마음 알까	212

여운이 남을 만큼	213
먼저 베풀라	214
고맙습니다	215
그리움	216
마음이 아프다	217
서녘 노을	218
풀들의 모습	219
잃은 것과 얻은 것	220
인간의 본색	221
희망의 끈	222
눈물과 미소	223
마음의 소리	224
단풍잎	225
한국에서의 추억 (1)	226
한국에서의 추억 (2)	227
한국에서의 추억 (3)	229
바다	230
민들레	231
정직한 사람	232
작은 소망	233
짝사랑	234

1부

어느 날 문뜩

어느 날 문뜩 이런 생각이
났었다.
나에게도 청춘과 젊음이
있었던가
그때 그 시절엔 왜 내 청춘
내 젊음이 소중한 줄 몰랐을까?
일해서 돈 버는 것만이
인생 인 줄 알았고
삶인 줄 알았다.
고운 옷 입고 예쁘게 단장하고
가족들과 친구들과
여행 한번 디녀 보시 못했는데
어느새 세월 따라 너무 멀리
와 버렸다.
이제 와서 하고 싶은 일들을

줄 세워 보니
숨이 차고 나이부터 앞선다.
아~ 정녕 나의 인생 나의 삶은
고작 이것이었던가.

꿈

그 옛날 갈망하던 꿈을 버리지
못한 채
수많은 사연을 안고 여기까지
달려왔다.
꿈이란 꾼다고 다 이루어
지는 건 아니었다.
하지만 포기하지는 않았다.
그 꿈을 마음 속에 수없이
그려도 보았고 막연한 갈망에
몸부림도 쳐보았다.
이념에 빠져 있던 그 시절로
달려가 순수했던 나를 꼭
껴 안아주며 말해주고 싶다.
늦게라도 내 꿈을 찾아
두 날개를 펴고 날아 볼 거라고.

내 동네

층집 동네 부러워 도시에 와서 살아봐도
몸에 피는 못 속이네.
흙 냄새 풍기는 달동네
내 동네
수난과 기쁨이 뒤엉켜 있고
정과 추억으로 내 마음의
빈 자리를 채워 주는
그리운 내 동네여!
오늘도 마음에 그리움을
바람에 실어 고향으로 보내
본다오.

오월의 밤

밤 하늘은 고요한데 마음만
깊어가네.
창가를 스치는 바람 소리에
눈만 감으면
오월의 하얀 장미를 안고
멀리 떠나간 한 사람이
그리워진다.

<인젠 좀 잊고 싶은데 왜
잊혀지지 안나요
가시에 좀 찔리면 어떻습니까
가시 벹길 헤지면서라도
올수만 있으면 돌아와 주세요!>

어릴 적엔

어릴 적엔 아빠보다 엄마를
많이 좋아했었다.
아빠는 밖에 나가 일만 하는
사람인 줄 알았다.
아빠한텐 살갑게 다가서지
못했었다.
왜 그랬을까? 말수 적은
아빠라 어렵기만 했나보다.

아빠!
늦게나마 아빠한테
하고 싶은 말을 꺼내봅니다.
<아빠 미안해요. 이 딸은 언제나
아빠를 존경하여 왔고

우리 아빠는 참으로 멋진
아빠 였습니다.
철이 늦게 든 이 딸을 용서해
주실 거죠? 아빠 사랑합니다.>

우정

꽃은 아름다움을 약속하고
우정은 영원함을 약속한다.
꽃이 아름답듯이
우정도 아름답더라.
우정이란 사랑이고 배려이다.
우정이란 순수함과 참됨이다.
내가 널 좋아하고
네가 날 좋아하는 것
우정엔 반쪽이란 없나니
함께 좋아하고 사랑하는 것이
영원한 우정이 아닐까.

빛나는 삶

인생에서 젤 행복한 시간은
바로 지금 인거야.
그때 그 시절도 소중하지만
현시대에 호기심을 가지고
꿈과 희망을 안고
새 시대를 만끽하며 살아가는
것이 더 멋진 삶이 아닐까.
지금까지 살아 오면서 내가
하고 싶었던 일이 무엇이었고
채 이뤄내지 못한 것이
무엇이었나.
이제라도 찾아
도전해 본다면
그 삶이야 말로 더 빛나리라.

날 사랑하리

내 자신은 내가 젤 잘 안다.
나의 기쁨 나의 슬픔
남들과도 말할 수 없는
많은 사연들
나의 모든 일은 나밖에 모른다.
근데 내가 날 아끼지 않고
사랑하지 않으면
난 너무 가엾은 사람이 되고 만다.
힘든 터널을 지나 좋은 세상에
마주했으니
인젠 내 스스로 날 아끼고
사랑하며 살아 가리라.

나답게 떠나리

나이가 나이인지라 가끔씩
어런 생각을 하게 된다.
인생은 한번 오면 언젠간
떠나 가는 것이 인생의
이치이다.
그 어느날 훌쩍 떠날 때면
어떻게 나답게 떠날까?
늘 한결같은 마음이다.
오래 살겠다는 마음 버리고
편한 마음 가짐으로
마음의 준비를 해야 한다.
근데 가는 길 니무 서누를 것
까지는 없지만
아름다운 세상에서

멋지게 살다가 떠날 땐
꼭 나답게 떠나리라.

하늘을 바라보라

인생길 외롭고 쓸쓸할 때
다시 볼 수 없다는 것을 뻔히
알면서도 그 누군가가
미치도록 그리워 질 때면
하늘을 바라보라
주변은 염두에도 없고
헛된 욕망에 부풀어
자기 스스로를 괴롭힐 때면
넓고 푸른 하늘을 바라보라
어쩌면 다독여 주고 일깨워
주고 포근히 품어 주는
어머니 품만 같구나.

타향살이

한창 나이에 고향 떠나 젊음의
열정을 바쳐 온 타향살이에서
얻은 것은 무엇이고,
잃은 것은 무엇이었던가.
더 잘 살아 보겠다고 가족을
뒤로 한 채
가는 길은 희망이었고
오는 길은 쓸쓸하더라.
님의 영혼 남겨 두고 떠나 오는
발걸음 다시 돌아 봐도
아려나는 맘속엔 눈물만
고였어라.

뒤늦게 알았네

나이와 상관 없이 무엇이든
할 수 있을 때가 행복하다.
그것이 삶의 보람이니깐.
<늦은 나이에 뭘 한다구
참 주책이야!>
나도 젊었을 때 그런 생각을
많이 했었다.
근데 내가 늙어보니 그때
내 자신이 참 부끄럽구나.
나이 들어도 무언가
도전도 해 보고 싶고
마음은 젊은 그대로라는 걸
너무 뒤늦게 알았다.
이제 남은 시간이 얼마 될지

알 수는 없지만 차려진 시간을
소중히 여기며
열심히 살리라 다짐해 본다.

사랑의 눈물

아침마다 운동하느라
공원을 몇 바퀴씩 돈다
딸내미네와 한동네라
밖에 나가면 가끔씩
만난다.
오늘도 출근길에 나선
딸내미를 만났다.
근데 오늘따라 왜 이러지
딸을 쳐다 보는데
눈물이 주르르 흐른다.
엄마 왜 울어요?
몰라, 그냥 눈물이 나네 ㅎㅎ
울다가 웃었다.
자식이란 쳐다만 봐도

눈물이 나네.
슬픈 눈물이 아닌
사랑의 눈물이.

문학의 길

내 나이 칠십에 문학의 길에
들어섰다.
자식들은 말한다.
우리 엄마는 일할 줄 밖에
모르는가 하였는데…
친구들은 말한다
평생 일하느라 고생했으니
인젠 좀 부담 없이 편안히
쉬면 좋을 것 같다고…
모두들 생각해서 하는
이야기이다.
근데 가만히 손놓고 앉아
있는 게 편안하지는 않다.
이 나이에 뭔가 할 수 있다는 게

참 감사한 일이다.
곰곰히 생각해 보니...
주위 사람들이 하는 말도
틀린 말은 아니었다
젊어서 언녕 해 볼 걸
핑계 아닌 핑계로 손놓고 있다가
이제 와서야 뭘 하겠다니
놓쳐버린 시간이 아쉽기만
하구나.

순간 순간

곱게 피어 난 꽃은 바라 볼 수
있는데
꽃이 피는 순간은 본 적이
있나요?
하늘은 보았을까 피어 나는
순간을,
땅은 보았을까 꽃이 피는
그 순간을.

시간은 하루 하루 흘러 가고
있는데
흘러 가는 그 순간을 본 적이
있나요
바다는 보았을까 흘러 가는

순간을,
세월은 보았을까 시간이
지나가는 순간 순간을.

엄마들의 본성

인젠 다 큰 자식이라 걱정
안 해도 되건만
왜 그것이 안 될까?
자나깨나 자식 걱정에 마음을
못 놓는다.
자식들한테 한소리 듣군 한다
"엄마 자식들 모두 잘 살고
있는데 인젠 자식 걱정은
그만 하고 좋은 생각만 하며
즐겁게 살아요"
아이들 말이 천만 옳은 말인데
속으로 혼자 중얼 거린다.
너도 자식 키워 보면 알 거다.
엄마들의 본성을 누구도 고쳐줄 수
없다는 것을.

연필로

연필로 인생을 엮어 가다 보면
지난날에 매혹되기도 한다
그리고 자신의 현실과 앞날에
대해서도 그려 본다.
크게 글재주는 없지만
순수한 마음 하나로 꾸밈없이
또 다른 새로운 뭔가를
써 보고 싶어
세월 속에 묻혀 버린
이야기들을 찾아서 연필로
적어 본다.
사연 하나하나씩 써 내려 가다
보면
그 누군가의 인생 이야기에

빠져 드는 듯, 때론 스스로
감동 받기도 한다.

천지꽃

봄이 되면 남먼저 피어 나서
세상을 곱게 물들여 주는
천지꽃
누가 뭐라 하지 않아도
방긋방긋 웃어 주는
아름다운 매력에
그 누구인들 빠져들지 않으랴
"천지꽃" 하면 그에 대한
노래와 글들도 많고 많더라.
천지꽃은 사람들께 기쁨도
주고 젊음도 안겨 주나니
소담하고 향기로운 천지꽃의
매력에 꿀벌들도 나비들도
지나치지 않는구나.

오래오래 보고 싶고
오래도록 마음에 간직하고
싶은 꽃 천지꽃!

한 소녀의 이야기

아름답지는 않아도 귀엽고
사랑스럽던 한 소녀의 소원은
어느 순간 연기처럼 바람과
함께 날아가 버리고 만다.
어린 소녀의 가슴에 차가운
서리가 내려 앉는다.
사연 아닌 사연 때문에 말이다.
세상을 원망하랴
부모를 원망하랴
그 무엇도 원망 할 새 없이 넓은
세상을 터벅터벅 걸어서
여기까지 왔구나
그토록 먼 길을 오면서도
어릴 적 소원은 잊어 본적이 없다.

높다란 고희 고개에 올라서니
그때 갈망하던 소원이 사무치게
그리워 나는구나.
그 소원을 찾아 오르고 또 오른다
드디어 소원을 이루기 시작한다.
이뤄낸 소원을 가슴에
꼭 껴 안은채
울어도 보고 웃어도 본다.

노력이란

사람은 태어나서부터 노력하며
살아간다.
어릴 땐 엄마 품에서 바둥거리며
귀여움을 보여 주려 노력하고
성장하면서는 훌륭한 사람이
되려고 노력한다.
근데 거기서 그치지 않는다.
나이를 먹을만큼 먹어도 노력은
계속된다.
어떻게 인생을 마무리 해야 하나
사람은 떠나면 그만인데
이름 석자만 남겨 놓고 떠나긴
너무 의미가 없지 않은가
인생에 활력소는 노력이란

두 글자가 아닐까란 생각을
해 본다.

빈 자리

몇 년 전 병원에 입원한 적이
있었다.
근데 나와 가장 가깝던 사람이
한번도 날 찾아 주질 않아
입원실 침대에서 흐느낀 적이
한두 번이 아니었다.
창문 넘어로 하늘을 바라보며
조용히 불러도 보았고,
밤하늘의 별들을 보면서 그의
모습을 떠올려 보기도 했다.
때론 환한 미소로 날 찾아 주는
모습을 환상해 보기도 하였지.
환상 속에서라도 그이를 만나는
날이면 얼마나 좋았던지 모른다.
슬프구나 빈자리, 그의 빈자리.

마음

마음이란 누구나 알고 있듯이
보이지도 만져지지도 않지만
기쁨도 슬픔도 마음으로 다
느낄 수가 있다.
하지만 사람인지라 때론 그
마음속에 다른 사람에 대한
미움과 질투가 장난을 친다.
어떻게 해야 하나?
그 마음을 누가 다스려 주길 바라느니
내 스스로가 마음을 마음으로
다스리며 살아 간다면
인생은 너 아름다워지리라.

저 하늘의 별로

세월은 피할 수 없고 나이 듦은
자연스레 맞이한다
늙음에 얻어지는 것은
아름다움과 화려함이 아니고
마음의 성장과 우아함이다
지나간 세월을 아쉬워 마라.
남은 시간을 계산도 하지 마라.
오면은 언젠간 가야 하느니
저 하늘의 별로 다시 태어날
것이 아닌가.

욕심

이 세상에 욕심 없는 사람은
거의 없을 것이다.
하지만 그 욕심이 선을 넘으면
야망으로 번질 수가 있다.
삶에 적당함이 채워 졌으면
그것으로 만족하며
살아 가야 하는데
그것이 안되어 이뤄낸 행복
마저도 잃어 버린다.
인간은 살면서 욕심으로 인한
많은 좌절도 맛본다.
과한 욕심을 살며시 내려 놓으면
어느 날 새로운 삶이 다시 찾아
온다는 것을 배우게 되었다.

거울

거울 앞에 멍하니 서 있는다.
얼굴에 슴배인 세월의 흔적들
젊음은 하나도 보이질 않는다.
젊음을 잃었다고 실망하지마라
인생이 끝난 건 아니잖아!
젊음의 삶은 활기로 넘쳤다면
황혼의 삶은 노랗게 익어 가는
가을 풍경을 연상케 하더라.
거울은 외모만 비춰 줄 뿐이지
마음까지 비춰 줄 줄은
모르더라.

코스모스

내가 가장 좋아하는 꽃이 있다.
그것이 바로 코스모스이다.
봄도 아니고 여름도 아닌
가을에 피는 꽃 코스모스
장미꽃이나 다른 꽃들처럼
아름다움에 밀릴 수 있을지는
몰라도
하늘하늘 사람들께 다가서며
향기를 풍겨 준다.
화려함보다 순결함을 지닌
꽃이라서 내가 가장 닮고 싶은
꽃이라 할 수 있나.

세월

세월 속에 영글어 가는
인간의 품격이 아름답듯이
세월 속에 보존되어 있는
많은 보물들도 아름답다.
세월은 새 것도 낡은 것도
소중히 여겨 주고,
세월은 잘난 사람 못난 사람도
한결같이 품어준다.
세월을 따라 가다 보면
세상의 아름다움에 젖어
시 한 수가 떠오르기도 한다.

가을 녘에서

소리없이 어느새 그 계절이
찾아왔다.
걸어온 뒤안길엔
골목마다 흔적이 남아 있다 .
햇살 머금은 청청한 가을 빛은
골목길에 그 흔적들을
찬란히 빛내 준다.
찾아 온 계절 가을 녘에
멍하니 서서
무슨 생각을 하고 있나.
이곳을 지나면 다음은
어디일까...

오늘 하루

새 하루가 밝아온다.
하루의 새로운 삶이 시작된다.
매일 반복되는 하루지만
이 하루는 우리가 오늘의
새 삶을 맛볼 수 있는 하루이다.
오늘은 또 무엇으로 어떻게
새로운 추억을 만들어 볼까
매 하루의 시작은 언제나 처음
맞이 하듯이
마음이 설레이군 한다.

첫날 옷

오랜 세월 보자기에 곱게 싸여
보존 되어 온 첫날 옷!
시집 오던 날을 떠 올리며
첫날 옷을 입고 거울 앞에
서 보았다.
요새 옷에 비하면 촌스럽지만
부드러운 연분홍 유동치마
저고리
입으면 얌전한 이미지이다.
첫날 옷은 수십년 지났어도
색깔 하나 안 변하고 예쁜
그대로인데
내 모습만 이렇게 변하였네.
거울은 아무말 없이 비춰만
주는구나.

우리네 동창들

그때 그 시절 화려하던 우리의
모습은 세월 속에 멀어져
가지만
연륜으로 익어 가는 우리네
모습은 황홀하기만 하네.
나이가 드니
우리 동창들의 소중함은 더
느껴지고
한 자리에 모여 앉으면 서로를
쳐다보며 웃어도 울어도 보며
그립던 정을 나눠가며
시간 가는 줄 모르는 그들이
우리 동창이더라.
사랑하는 동창들이여

우리 빛 바랜 추억은 마음에
담아 둔 채로 새로운 추억을
엮어 가면서
남은 여생 손을 꼭 잡고
천천히 천천히 끝까지
함께 갑시다.

숨기고 싶었던 가난

어렸을 땐 남들이 알세라
가정의 가난을 숨기고 싶었다
지금 와서 생각해보면 참
어리석었지 뭐야
가난해도 부모님과 함께하던
그 세월이 얼마나 좋았는데
형제들 한 구들에서 치고박고
장난하며 놀때가 얼마나
좋았는데
가난하면 뭐 어때서
초라하면 뭐 어때서
숨기고 싶었던 가난하던
그때로 가보고 싶구나.

새봄

싱그러운 향기를 안고
새봄이 우리곁에 다가 오네
살랑살랑 불어오는 봄바람에
겨울난 나무 가지에선
새움이 트기 시작하고
세상 만물들은 우릴 향해
미소 지으며 손짓해 주네
봄이 되면 누구나 마음이
이렇게 설레이나요
아지랑이 피여나는 진달래
동산에서
꽃잎을 날리며 놀던 동년배
친구들 생각이 많이 나네요.

항상 응원할게

자식의 눈에서 눈물이 나면
부모의 눈에서 피눈물이
난다고 한다.
자식의 힘든 사정을 이
어미라고 모를까
자식이 사업에 위기가 닥쳐
왔을때
묵묵히 지켜 보면서 어미의
마음도 고통 스러웠단다
하지만 내색을 낼 수가 없었고
잘될 거라고 눈물로 기도하고
마음으로 응원할 뿐이였는데
마침내 정상을 찾아 올라
섰었지

참 내 자식 장하구나!
그 힘든 과정 어떻게 이겨
냈을까
꿋꿋이 살아가는 자식을 위해
엄마는 뒤에서 항상 응원할께
힘내 우리 딸!

생각

생각이란 어쩌면 사람의
본능이라고 할까
생각 없이 사는 사람은 이
세상에 없을 터
차곡차곡 쌓여진 옛 이야기들
곰곰이 생각해 보노라면 한편
의 드라마를 연상케 한다.
그 속에 주인공은 너 그리고
나 라고 생각하며
감동 받기도 한다
하지만 아직 드라마는 끝나지
않았다.
이제 남은 인생 드라마는
어떻게 엮어질지

곰곰이 생각하며 기대를
해 본다.

편지 한 장

이별 뒤에 찾아오는 외로움과
서글픔
겪어본 사람은 다 느끼겠지
마음을 달래 보려 써 내려간
편지 한 장!
너무 먼 곳이라 어떻게 전할지
생각 하다가
문뜩 떠 오르는 한 곳
그이가 즐겨 다니던 한강역.
마지막 가는 길도 한강이였다.
마음 담아 정을 담아 써 내려간
편지 한 장!
한강에 띄워 보낸다
그 편지 받아 보면 그이는
얼마나 기뻐할까.

뒤늦게 알았네

마음이 평화로우면 그것이
행복인 줄 알았다.
하는 일이 술술 잘 풀리면
그것이 행운인 줄 알았다.
근데 삶의 이치가 그것만은
아니었다.
벼랑 끝에서 떨어져도 보고,
거센 파도에 휘말려 보기도
하고
세상의 치욕도 겪어봐야
인생의 참뜻을 알 수 있음을
뒤늦게 알았다.

열차

고향으로 향하는 열차에
몸을 실었다
봐도봐도 끝이 없는 아름다운
산천경개
정겨웁게 안겨오는 시골의
새 모습들
고향의 흙냄새가 풍겨
오는구나
달리고 달리는 파아란
급행렬차
그리움을 싣고 추억을
찾아서
어서 가보자 나의 고향으로.

우리 아버지

오늘따라 아버지 생각이
많이 납니다.
고생만 하시다가 돌아가신
아버지
우리네 칠남매의 뒷바라지에
아버지 삶이란 없었습니다.
말없이 따스했던 우리 아버지
수십 년의 가난한 힘든 날들에
술잔으로 마음을 달래 가면서
좋은 아버지로 살아 왔습니다.
아버지, 존경하는 우리 아버지!
세월이 갈수록 더 그립습니다.

타향의 밤

찬비 내리는 쓸쓸한 밤
창밖의 가로등만 깜빡 거리네.
주룩주룩 내리는 빗방울 소리에
고향 생각만 더해 가는구나.
고향이 그리워서 너무 그리워
비 내리는 이 밤 잠못 이루네.

가족, 그리고 나

가정을 이루고 부모가 되면서
마음 속엔
오직 가족, 오직 자식
그 속에 나 자신은 없었다.
세월을 길게 안고 여기까지
와서야 비로서 나를 발견했고
자신의 소중함을 알게 되었다.
누가 말했던가 "내가 날 모르
는데 누가 나를 알아주나"
마음에 와 닿는 말이다.
나도 늦게나마 자신을 위해
살아 보리라 마음을 바꿔본다.

슬퍼도 힘내

이만큼 나이를 먹고 보니
체력도 마음도 약해진다.
가끔씩 슬픔도 몰려 온다.
내절로 스스로를 위로해 본다
약해지지마, 슬퍼도 하지마
넌 인생을 굳건히 잘 살아왔어
슬퍼도 힘내.

2부

고향 마을

오랜만에 들뜬 마음 안고
고향 마을 찾아 갔었다.
썰렁하게 변해버린 나의
고향 마을.
분명히 앞집에 옥희네
뒷집에 철이네
옛집은 그대로인데
모두가 낯선 사람들뿐
반겨주는 사람도
말을 건네는 사람 하나 없다.
참, 이것이 내가 그토록
그리워하던 고향이었던가.

짐

두 어깨에 짊어졌던 무거운 짐
그 짐 때문에 맥을 버릴 수가
없었다.
그 짐 때문에 열심히
살아야 했다.
그 짐은 나의 인생이었고
하늘이 내려준 선물이었다.
그 짐은 오늘까지도 나의
행복이고 내 삶의 전부이다.

여명

저 아침 여명은 어디에서 오나
참 마음도 착하지
하루를 모두 다 선물 하고도
빛도 주고, 따스함도 준다.
사람마다 바라볼 수 있는
저 여명을 맘속에 그려본다
맑은 그 미소까지 그려본다.

노을

숨결마저 순진하던
인생의 아침은 멀어져 간다.
터벅터벅 걸어 멀리도 왔네
한올 한올 엮어간 인생 노래
귀전에 간간히 들려온다
삶의 키 흔들릴 때 하늘을
바라보며
힘듦에 부딪칠 땐 앞날을
기대하며
용케도 헤쳐 나왔었지.
언제부터인가 저녁 노을은
날 보고 손짓해 준다
고생이 많았다고...
인젠 넓은 세상을 만끽하며
편히 살아 보라고...

고마운 인연

힘들 때 힘을 보태 주었고
슬플 때 눈물을 닦아 주었고
기쁠 땐 함께 웃어 주었지
때론 말 아닌 눈길로
그리고 마음으로 정도 주었지
고마운 인연 잊을 수가 없구나.

그땐 왜 몰랐을까

지금 알고 있는 걸 그땐 왜
몰랐을까.
부모님이 우릴 얼마나
사랑 했는지
우릴 위해 얼마나 고생 했는지
그때는 몰랐네 정말 몰랐네
내가 엄마되어 자식 키워보니…
부모님의 참사랑이 느껴지네
부모님 향기가 마음에
스며드네
지나간 시간들 빛 바랜 추억들
잊을 수가 없어라.
잊을 수가 없어라.

나무와 잎사귀

나무는 봄부터 움 틔워서
곱게 자리운 잎사귀들을
가을이 되면 하나도 남김없이
세상에 선물로 날려 보낸다.
하지만 나무는 날려가는
잎사귀들을 바라 보면서
섭섭해 하지도 않는다.
봄은 또 오고 새로운 잎사귀는
또 움 틔울 수 있기에 그런가봐.

그냥

내가 그를 좋아하는 만큼
내가 그를 아끼는 것 만큼
그가 나에게 베풀지 않는다고
아쉬워 하지 말자
정을 준 것만큼 받으려다
안 되면 실망이 따르니깐
그냥 한결같은 마음으로
살아가다 보면
세상이 그대를 인정해
줄 것이다.

멋진 인생

몸은 변해가도 마음까지
따라 가지 마라
꽃은 떨어지는 향기가 더 깊고
해는 지는 빛이 더 찬란하듯이
노란 빛갈로 물들어가는
황혼의 모습도 싫지는 않네에
내내 젊음에 머물러 있으면
무슨 의미가 있으랴
멋진 인생은 지금부터여라.

책은 아름답다

책은 아름답다 그리고
신비롭다.
책 속에 담겨진 주옥같은
글발들
마음에 감동과 울림을 준다
책을 읽다 보면
세상을 어떻게 살아야 하는지
인생 이야기며 세상사에 대한
감동의 이야기들이
수두룩하다.
책 속에 들어 가면 배울 바도
많고도 많다
책은 인생의 스승이요
책은 삶의 스승이더라.

인생 역전

누구는 인생을 아름답다 하고
누구는 인생을 고달프다 한다
모두가 정답이 아닐까
한 번뿐인 인생
잠시 와서 머무는 인생
아름답기만 하면 무슨 사는
의미가 있고
고달프기만 하면 무슨 살맛이 나랴
한 사람의 인생 역전이 바로
그 사람의 인생사가 아닐까.

바보가 아니야

난 한때 이런 생각을 했었다
난 왜 저 사람처럼 뛰어나지
못할까
난 왜 저 사람처럼 아름답지
못할까
항상 자신을 초라하게
여겨왔다
근데 어느 순간부터인가 이런
생각이 들었다
자기절로 자기를 초라하게
보는 바보가 어디 있니
내 스스로를 꾸짓었다.
내가 뭐 어때서 나도 세상을
잘 살아왔고

세상에 자신을 헌신하며
멋지게 살아 왔지뭐야!
난 바보가 아니야
난 나를 너무 좋아하고 사랑해!

보고 싶다, 철이야

내가 늙었으니 철이도 늙었
겠구나
우리 둘은 어릴 적부터
한 동네서 자랐었지
유치원 때부터 소학교까지
손 잡고 다니며 친했었는데
언제부터인가 우린 한 번도
만나보지 못했어
요새 가끔씩 철이 생각이
나는구나
지금은 어디에서 잘 살고
있겠지 "보고싶다 철이야".

가을비

가을 하늘 흰구름 뒤로
검은 비 구름이 몰려온다
주룩주룩 가을비가 내린다.
곱게 물든 단풍 잎새들도
비에 흠뻑 젖는다
나도 저 단풍 잎새들처럼 비에
젖어보고 싶어
우산도 쓰지 않고 즐벅즐벅한
길을 걸어 간다.
촉촉히 젖은 노랗고 빨간 단풍
잎들은 이슬을 머금듯 여전히
아름답다
근데 말이야 비를 맞은 나는
온몸이 오싹해 나고

스스로가 너무 처절해 보인다
걸어 가면서 나의 어리석음에
혼자 웃고 말았다 ㅎㅎㅎ

사랑

세상이 우리에게 가르쳐 준
사랑의 교훈
사랑이란 글자보다 더 뜻깊은
글자가 있을까.
사랑보다 더 빛나는 글자가
있을까.
이 세상에 사랑을 싫어할 사람은
한 사람도 없을 터.
서로 서로 사랑을 주고 받으며
살다 보면
영혼도 숨결도 삶도 바뀌리라.

다시 태어난다면

사람들은 이런 말을 잘한다
이제 다시 태어난다면
이렇게 저렇게 새롭게 살아
보겠다고.
나도 그런 말을 가끔씩 한다
이제 다시 태어날 수만 있다면
지금보다 더 멋지게 한번
살아 보겠다고.
그래서 후회와 미련만 남겨 놓고
떠나는 게 인생이라 하였던가.

왜 사는가고요?

왜 사는가고요 사람 사는 게
무슨 법칙이 있나요
세상에 왔으니 그냥 따라 사는
거 겠지요.
사는 게 별거 있나요 마음속에
삶의 희망을 새겨 담고
물 흐르듯 바람 따라 구름 따라
살다 보면
그것이 인생이고 삶이겠지요.

어느덧

어느덧 여름 더위는 사그라들고
싱그러운 가을 향기가 풍겨온다.
작년 이맘때가 엊그제 같은데
어느새 한 해도 많이 흘러갔다.
시간이 빠른지 마음이 앞서는지
한때는 빠른 세월 안고서 흥타령 부르더니
요새는 빠른 세월 향하여 원망이 나온다.

물어보지 마세요

내가 50대쯤 되었을까
버스를 타고 나란히 앉은
한 할머님께
연세가 어떻게 되셨나요
물어 보았더니
"그런걸 물어보지 마세요"
하면서 살짝 웃음을 던져 준다.
그땐 그 말이 실례라는 걸
몰랐었다.
요새 밖에 나가 다니다 보면
가끔씩 나한테 나이를 물어
보는 사람들이 있다.
어쩐지 대답하기 싫어진다.
옛날에 차 안에서 만났던 그

할머니 생각이 난다
나이 드는 게 죄도 아니고
부끄러운 일도 아닌데
왜 그럴까.

보고 싶었어, 아들!

그리운 마음 한몸에 지니고
하늘길 따라 찾아 간 이국땅
미리 마중 나와 맞아 주는
내 아들
늠름한 체격에 세련된 그 모습
반가워 끌어안고 눈물 흘렸네.
만나던 그날 밤 엄마와 아들의
이야기는 그칠 줄 모르니
창 넘어 별들도 귀를 귀울
이더라.

어머니 꽃

하늘나라에 피어난 어여쁜 꽃
사랑의 향기가 풍겨 옵니다.
세상살이에 힘 드셨던
우리 어머니
하늘의 꽃으로 피어났습니다.
낮이면 햇님이 함께 할 겁니다
밤이면 별들이 지켜줄 겁니다
반짝반짝 빛나는 좋은 곳에서
영원한 꽃으로 피어 있으세요
그리운 어머니 우리 어머니!
오늘도 하염없이 바라봅니다.
하늘에 피어난 어머니 꽃을.

참 빨리도 왔네

여기까지 왔구나 참 빨리도
왔네
오면서의 무수한 일들은
세월의 흔적으로 남아 있고
인생의 길목마다에 새겨 놓은
이야기들은 가슴 깊숙히 자리
매김 하면서
그 순간들이 날 울리고
또 웃음 짓게 하였지.
세월을 안고 살아가는
사람들의 삶의 탄식소리
속에서 세상을 알았고
인생을 배웠으니
지금은 넉넉한 마음으로

좋은 세상 만끽하며 살아
가야지.

당신 (1)

매일마다 사랑을 주기에
너무 버거웠고 힘들었어요.
그래서 미워도 했고
싫어도 했었어요.
근데 푸르름을 잃은
나무에 물을 주고 성심을
다 해도 푸르름을 찾지 못하듯이
뒤늦은 후에야 손잡아 주고 싶고
더 사랑해 주고 싶은데 당신은
내 곁에 없네요.
너무 멀리 가서 돌아오질
못하네.

당신 (2)

평생토록 당신만 생각하며
살아온 것을 후회하지 않아요.
살다보면 서로 힘든 일도
많았지만
지금 와서 다시 생각해 보면
그 또한 지나간 추억으로
마음에 새겨져 있으니
시간이 흐를수록
모든 것이 그리움으로만
남아 있어요.

내 고향 진달래

이른 봄 찬바람을 이겨내며
피여난 진달래!
우리 겨레의 얼을 담고
피여 났어라
세월은 흘러가도 봄이 되면
잊지 않고 다시 찾아주는
아름다운 진달래
고향의 산과 들을 온통
분홍 빛으로 물들여 주네
아~ 일편단심 진달래야
내 고향의 진달래야!

눈물

울고 싶으면 참지 말고 울거라
눈물 없는 삶은 재미가 없고
눈물 없는 인생은 의미가
없나니
슬픈 마음은 달래주고
기쁜 마음에 선물이 되어
인생의 희노애락을 함께 하는
그 눈물, 내 눈물!

완벽함보다

완벽함을 추구하며 스스로의

부족함에 때론

자신을 남과 비교해 볼 때가

있다

누가 이야기 했던가

완벽함을 앞세우는 사람보다

어딘가 모자랄 듯 말 듯한

그런 사람

그 모자람 속에 순수함이

함께 보인다는 말.

무슨 말인지 이해는 잘

안 되지만

그 말에 일리는 있는 거 같다.

저 달은

하늘가에 저 둥근 달은
높은 곳에 있으면서
자기가 잘난 줄만 안다.
사람들이 둥근 달을 바라보며
부모님 생각도 하고
친지들도 그리워서
슬퍼하는 줄은 알고 있을까.

목표가 있으면

살아 오며 힘들었던 일들은

훌훌 털어 버리고

환하게 빛나던 일들만

생각하라

이뤄내지 못한 꿈은

아쉬워 마라.

새로운 꿈을 향해 도전해 보라.

목표가 있으면 꿈은 이루어

지나니

꿈이 있으면 그 꿈을

닮아 간다는 말 기억해

두어라.

십년만 젊었으면

나이 든 사람들이 쉽게 하는
말이기도 하다.
십년만 젊었으면 십년만...
농담 아닌 진심 어린 말이다.
짧지도 않는 세월을
살아 왔음에도
삶에 늘 부족함을 느낀다.
한창 나이 땐 그런 생각
할 새도 없었고
자신이 늙는다는
생각 조차도 해 보지
못했었다.
본의 아니게 내뱉는 말이지만
그들의 마음이 이해가 된다.

좋은 인연

연인도 아니고 친인도 아닌데
늘 보고 싶고 생각 나는 사람이
있다.
함께 있지 않아도
문자나 전화 통화만으로
마음이 훈훈하고
정감이 도는 그런 사람이 있다.
이름만 떠올리고 그가 사는
곳만 바라 보아도
그의 환한 모습이 떠 오르고
그와 속마음을 털어 놓고 싶다.
내 곁에 그런 좋은 인연, 좋은
사람이 있다는 것이 참으로
자랑스럽다.

첫사랑 (1)

첫사랑을 떠올리며 옛 자취를
더듬어 본다
흘러간 옛이야기로 남아 있는
첫사랑!
그 어느날 양어장 둑을 나란히
거닐다가
개울가에 발을 담그고 앉아
사랑을 속삭인다.
맑은 물 속에 비춰지는 끝없는
사랑 이야기들
살며시 손을 잡아 주며
미소를 던져 주던 멋있던
한 사람 나의 첫사랑!

첫사랑 (2)

이 나이가 되도록 첫사랑을
못잊어 하나
전화가 없던 그 시대에선
남들이 알쎄라 자주 만나지도
못하고
연애 편지로 서로 마음을
나눌 수가 있었다.
그이는 노래 부르기를
좋아했고
노래도 잘 불렀었다.
세월이 지나면
잊혀 지겠지 하여도
왠지 잊혀지지 않는다.
아마 아쉬움이 많아서일까

아니면 일찍 떠난 그이가
야속해서일까
잊으려 해도 잊혀지지 않는
첫사랑!

인생

앞만 보며 달려 온 인생, 무엇을
찾아 달려왔나
수많은 인생사를 세월 속에
묻어 놓고
힘들었던 젊음의 길를 지나
높다란 칠순 고개를 넘어
오르고 또 오른다.
이제 얼마를 더 가야 정상에
오르나?
아, 이젠 좀 천천히 가고 싶다.
올라 온 뒤안길을 내려다 보니
아득하구나.

친구를 보내면서

강물은 조용히 흘러갑니다.
소중했던 친구는 말없이
떠나 갑니다.
구름 타고 바람 따라 멀리
저 멀리로...
한결같은 마음을 남겨
두었기에
우리는 잊지 않고 있습니다.
그리고 불러 볼 수 있습니다.
친구여! 그동안 고마웠어.
잘 가요 안녕.

그때가 그립구나

시부모님 모시면서 애들 낳아
키우며 살던 그때가 그립구나.
그땐 힘들다고 투정도 부리고
짜증도 냈었는데
여기까지 와서 생각해 보니
살면서 젤 행복하고
보람을 느낄 때가 바로
그때였어.
지금은 시대가 발전하여
부러울 것 없이 만족하며
살아가지만
힘들게 살던 그때 그 시절이
많이 그리워지네.

엄마는 수수께끼

사람마다 노후의 대책과
노후의 계획은 다 있을 것이다.
어떤 사람들은 돈을 아껴 쓰며
모으는 재미로 살고
또 어떤 사람들은 돈 있으면
실컷 쓰다가 가는 것이란다.
이렇게 돈 가지고 자기의 취향
대로 살아 가지만
자식들은 부모와 잔소리를
아끼지 않는다.

"엄마 돈 모아 뒀다가 뭘 하려구
쓰고 싶은 대로 맘껏 쓰세요"
"그래 알았어" 대답은 잘한다.

그런데 이해가 안되는 것은
내 자식 내 손군에게 쓰는 돈은
하나도 아깝지가 않은데
딱 하나 나한테 쓰는 돈만은
왜 그리 아까운지
없으면 모를까
엄마의 마음이란 수수께끼.
옛날에 우리 엄마도
그렇게 살아온 걸로 알고 있다.

삶이 바뀌었다

나의 글이 여러 매체에
발표 된다는 것
나의 가사가 노래 되어 세상에 울려
퍼 진다는 것
상상도 못해 보았고 내가
감히 어떻게...
그것은 아무나 할 수 있는
일이 아닌 줄 알았다.
그런데 나는 해내었다.
문인들 찾아서 배워가며
희망을 가지고 도전해 보았다.
필을 들고 쓰고 지우고를
반복하며 인생과 삶을
펼쳐 보았고

세상의 아름다움에 빠져
보기도 하였다.
그때부터 나의 삶은
바뀌기 시작하였다.

우리 딸

딸이지만 때론 친구 같기도 하고
엉뚱한 언니 같기도 하고
또 때론 모르는 것도
잘 알려주는 스승같은
우리 딸!
가정에선 시부모님 모시며
며느리 노릇도 잘하는
효도 며느리에
회사에 나가면많은 회사원들
거느리고
회사를 잘 꾸려 나가는
회사의 사장님.
"딸아 너의 그 능력과 선행은
앞으로 너의 가족, 너의 자식들

모두 축복 받을 거야

엄마는 꼭 그렇게 믿고 있단다.

우리 딸 화이팅!"

부모와 자식

자식은 부모의 삶 전부이다.
자식을 빼고 나면
부모에겐 남는 것도
사는 의미도 없으리.
부모의 일생에서 가장 잘한
것을 말해 보라면
자식 낳아 잘 키워낸 것이라
말 하리라.
자신을 위해 그리고 돈을 위해
기도해 본 적은 없지만
자식을 위해서라면
때와 장소 없이
무엇이든 할 수 있는
사람이 바로 부모더라.

천천히, 천천히

꽃가마 타고 시집 오던 날이
엊그제 같은데
어느새 석양의 갈림 길에서
인생의 종착역을 바라보고
있구나.
<세월아, 여기까지 함께
오느라 고생이 많았어
이젠 좀 쉬면서 천천히
천천히 가고 싶구나!>
내 마음의 이 소리 세월은
챙겨 들었을까.

마음까지 명품으로

비싼 명품 옷을 입었다고
마음까지 명품일까요?
아닙니다.
옷은 수수하게 입었어도
세상을 살아감에 사랑을 널리
베풀며 인생을 아름답게
가꾸어 간다면 그런 당신이
바로 명품보다 더 빛나는
명품이랍니다.

미소

미소란 사람과 사람 사이에
감성이며 태도이다.
누구에게나 고운 미소를
보내 주면 그는 행복해 한다.
행복하니 똑같이 남한테
미소를 보내 준다.
서로가 행복하니 감사가
넘치고 사랑이 넘쳐난다.

무명이면 어때서

세상에 네 이름을 널리
알리지 못해도
넌 진실과 함께 하여 왔어.
명예보다 더 빛나는 것은
진실과 참된 인성이리니
무명이면 뭐 어때서.
남들이 널 바라보지 않아도
괜찮아.
하늘이 알아봐 주고
세상이 인정해 줄 거니깐.

삶의 의미

인생의 삶이란 드라마와 같다.
때론 이렇게 때론 저렇게
너나 나나 살아 가는 것이
거의 비슷하다.
이 세상에 슬픔 없이 살아 온
사람이 있을까,
이 세상에 행복을 맛보지 못한
사람이 있을까,
행복과 슬픔, 슬픔과 행복
그 모두가 삶에 의미라고
느껴 본다.

빛 바랜 사진 한 장

오늘따라 사진첩을 펼쳐 본다.
그중 빛 바랜 흑백 사진 한 장이
젤 먼저 눈에 들어온다
작은 오빠가 군대 갔을 때
휴가 내고 집에 와서
남긴 한 장의 가족사진이다.
가운데 앉으신 아버지 어머니
촌 당 지부서기시던 큰 오빠
군관복을 차려 입은 작은 오빠
그리고 한두 살 터울인
나의 네 동생들과
중학생이었던 나까지
단란한 흑백 가족 사진 한 장!
그리워라 나의 부모 형제여
가고 싶어라 그때 그 시절로.

3부

나이 듦과 행복

요지음은 일상이 편안하고
시간의 여유가 있으니
다양한 취미 생활로
하루 하루를 살아간다
오락실에 다니면서
노래도 배우고 춤도 배우며
즐거운 시간을 보내니
마음은 한결 즐겁고 행복하다.
산책길에 나서면 이전에 못
느끼던 자연의 세계에 빠진 듯
풀 한 포기 나무 한 그루
날아예는 새 한 마리마저도
친구가 되어 준다.
나이 듦에 따르는 행복이란
바로 이런 것이구나.

할 일이 많은데

인생길은 긴 것 같으나
짧고도 짧다.
세월은 묵묵히 가기만 한다.
아직 할 일이 많은데
하고 싶은 일도 너무 많은데
사간은 야속하게
제멋대로 세월 따라
가는구나.

밤중

살살 불어오는 바람 소리가
창문을 살며시 두드린다
고요한 이밤
남들은 꿈나라에 푹 빠졌을
텐데 나 혼자만 잠못 이루네.
문뜩 윤동주 시인의 시 한
구절이 떠 오른다.
"쉽게 씌어진 시" 중에서
"인생은 살기 어렵다는데
시가 이렇게 쉽게 떠 오른다는
것은 부끄러운 일이다"란
구절이 떠올랐다.
살기 어려운 세상에서 고난을
견뎌내며 많은 시들을 펼쳐

내셨다. 그로 하여 우리 후세들은 윤동주 시인의 시를 많이 배워 가고 있다.
그래 나도 잠못 이루는 이 밤 시 한 수나 써 볼까.
연필 들고 일기장에 제목부터 적어 놓았다.
"밤중"이라고!

고마운 선생님

내가 가장 좋아하는 한 사람
존경하는 선생님!
하는 일 없이 넋 놓고 집에서
쓸쓸히 서성이고 있을 때
손 잡아 주셨고
마음에 변화를
가져다 주신 고마운 선생님,
감사합니다,
잊지 않겠습니다.

청명이 오면

푸른 하늘 떠이고 숲을
이루며
모진 세월을 견뎌 온
고향의 산
숲 속에 묻혀선가 세월의
사슬에 묶어선가
기뻐도 웃을 줄 모르고
슬퍼도 울 줄 모르던
고향의 산.

허지만 청명이 오면
울분을 토로한다.
연기마저 사라져 버린
고향 마을을 내려다 보며

잡초 무성한 무덤들을
바라보며
사람들아, 너희들은 모두
어데로 갔느냐 하며
목메여 불러 본다.

쪽방살이

한국에서의 십여 년 쪽방
살이는
내 인생에서 잊지 못할
삶이었다.
그때로선 그 쪽방이
세상에서
젤 포근한 보금자리었다.
타향의 설음도
타향의 기쁨도 함께 해 준 그
쪽방에선
타향의 노래와 고향 노래
함께 흘러 나오군 하였다.
그 쪽방에는 많은 추억이
담겨져 있다
그 쪽방이 그립구나.

별을 세다

별 하나, 별 둘, 별 하나, 별 둘!
서울의 밤하늘 바라보며
고향을 그려본다.
서울의 밤하늘이 이렇게
별빛으로 찬란한데
내 고향의 밤은 더
아름답겠지?
창가에 기대여 산 넘어
바다 건너
내 고향의 밤을 마음에
담아보며
세도세도 끝이 없는
하늘의 별들만 세어 본다.

친구와의 전화

친구한테서 전화가 온다.
슬픈 목소리이다.
무슨 일이 있냐고 물었다.
아니 아무 일도 없어 라고 한다.
근데 왜 울고 있냐고 하였더니
몰라 몰라 나도 몰라 하면서
더 슬프게 흐느낀다.
나는 당황하여 어쩔바를
몰라 하는데
친구가 이야기를 꺼낸다.
왜 아무 일도 없는데 느닷없이
눈물이 나는지 모르겠어
하는 것이다
친구의 마음을 알고도 남음이

있었다.
나이가 들면서 오는 쓸쓸함을
달랠 길 없어 저도 몰래
흐르는 눈물이었다.

정과 사랑

어떤 사람들은 이런 말을
잘한다.
우리는 사랑으로 사는 게
아니고 정으로 산다고
정은 무엇이고 사랑은
무엇인가
정이 쌓여 사랑이 되고
사랑이 쌓여 정이 되는
거라고 알고 있는데.

청춘을 돌려다오

친구 모임이 있는 날이었다.
먹고 마시며 놀고 있는데
술기운을 빌어
한 친구가 가슴을 치며
울며 불며 '청춘을 돌려다오'
란 노래를 부른다.
영문도 모른 채 곁에 친구들
함께 눈물 보인다.
노래가 끝나자 한 친구가
울긴 왜 울었어 라고 묻자
시집살이 수십 년에 내 인생 다
지나가고
남은 건 늙음과 병뿐이란다
하면서 더 슬피 울자

모두들 곁에 가서 보듬어
주었다.

인숙아, 해옥아

인숙아, 해옥아, 오랜 세월
가정에 파묻혀 살다 보니
서로를 잊고 살아 왔네.
이제 와서 너희들 이름이
자꾸 떠 오르는구나
우리는 한동네서 나서 자란
동갑내기 친구였지.
인숙이는 어릴적부터 공부도
잘했고 가정 생활도 넉넉
했었어.
해옥이는 가정이 가난하여
소학교를 겨우 나온 채 집에서
엄마를 도와야 했지.
소학교때 일이 기억난다.

나는 동생이 넷이다 보니
소조 공부 끝나면 집에 달려
가서 동생들 돌보느라
너희들과 실컷 놀지도 못했어.
그땐 얼마나 아쉬웠던지
인숙아 해옥아 너희들은
지금 어디에서 살고 있는지
언제 한번만이라도
만나 웃고 떠들며 옛추억을
떠올리며 실컷 놀아보고
싶구나.

행복 (1)

행복이란 너무 크게
바라보지 마세요.
작은 일상 생활에서도
행복을 찾을 수가 있답니다.
한 걸음만 더 걸으며 사랑을
나누며 살아 보세요.
가까운 곳에서도 바람처럼
행복이 찾아 옵니다.

행복 (2)

나는 행복합니다!
그 한마디 말 속에 그 사람의
피와 땀 방울이 슴배여
있다는 것을 알았다.
행복은 저절로 찾아오질
않는다.
그 행복을 찾아 헤맨 길은
얼마였을까.
노력 없이 찾은 행복은 과연
진정한 행복일까요?!

어머니 (1)

오늘따라 어머니 생각이
많이 납니다.
그토록 훌륭하게 키워 온
두 아들을 먼저 떠나 보내고
살아 오신 우리 어머니,
그 아픔을 가슴에 안고
어떻게 살아 오셨습니까?!
엄마 손으로 두 아들을
떠나 보낸다는 것은
상상도 할 수 없는 일입니다.
어머니는 나물 캐려 간다는
핑계로 아들들의 무덤 앞에
앉아 통곡하며 못다 한
이야기를 하시군 하였는데

얼마 안되어 어머니는 끝내
아들 찾아 떠나 가셨습니다.
어머니 지금은 눈물도 그만
흘리시고 아들들 곁에서
편히 보내세요.

어머니 (2)

어릴 때 생각이 납니다.
우리 어머니 손은 언제나
거칠었고 늘 반창고를
붙이고 다녔습니다.
얼마나 철부지였을까
어머니들 손은 다 그런 줄
알았습니다.
어머니는 그 손으로 우리 칠
남매를 키우셨습니다.
낮에는 밭에 나가 일하시고
저녁이면 늦게까지 집안 일
하시느라 어머니 손은
마를 새가 없었습니다.
그땐 왜 어머니 손을 한번도

잡아 드리지 못했을까요.
거칠어진 어머니 손을 한번
잡아보고 싶습니다.
어머니 아픈 손에 손 크림
이라도 발라 드리고 싶습니다.
어머니 죄송합니다
어머니 미안합니다 .

어머니 (3)

하늘마저 울면서 나도 울면서
어머니를 붙잡고 가지 말라고
가면은 안된다고 빌고 빌어도
어머니는 기어이 떠났습니다.
떠나면 못 오시는 머나먼 그 곳
어머니가 계시는 곳은 어디
십니까
언젠가는 어머니를 찾아 갈게요
내가 갈 땐 어머니 꼭 마중나와
주세요.
어머니 보고 싶습니다.

어머니 (4)

추석 명절날 고운 옷
갈아 입고 달 구경 나갔어요.
황홀한 보름달에 어머니의
미소 짓는 모습이 비춰 졌어요.
나무 사이로 어머니 목소리가
귀전에 들려 왔어요.
어머니! 아버지랑 오빠랑 함께
그 곳에서 추석 명절 잘 보내고
계시지요?
명절때면 절구에 떡가루 빻아
송편하고 오색 반찬 맛있게
해 주시던 어머니의 손맛이
그립습니다.
오늘도 보름달을 바라 보면서

어머니 포근한 그 사랑 느껴
봅니다.

최고의 선물

세상 살다보면 감사한 일이
많고도 많다
작은 일에도 감사하며 살자
내일에 기대를 걸지 말고
미뤄 놓았던 일이 있거들랑
오늘 바로 해 보아라.
오늘이란 나에게 찾아온
최고의 선물이니깐!

웃으며 살아요

사람은 태어날 때 왜 울면서
태어날까
아마 세상을 살아감에
어떻게 살아야 되는지
근심이 앞서서일까요
하지만 세상에 올 땐 울며
왔으나
인생을 살아 갈 때만큼은
마음껏 웃으며 살아 갑시다.

주인 없는 전화번호

나의 핸드폰엔 주인 없는
이름과 전화번호가 자리를
차지하고 있다.
쓸 수 없다는 것을 뻔히
알면서도
왜 지우지 못하고 있는지
스스로도 이해가 안 된다.
혹시나 해서 전화를 걸어 보면
없는 번호라고 나온다.
멈춰 버린 그의 목소리
듣고 싶은 그 목소리
행여나 전화가 걸려 올 거란
착각을 버리질 못하고
있을까!

마음만은 넉넉히

오늘도 내일도 모레도
난 쭉 지금처럼 살 거야.
지금에 만족하니깐
세상을 살아감에 너무 과한
욕심에 파묻히다 보면
때론 인성도 잃고
본인만 피곤해진다.
지금까지 그렇게 살아 왔듯이
만족할 줄 아는 사람으로
취미 생활을 이어가면서
남은 삶은 넉넉하지 않아도
마음만은 넉넉하게 살련다.

어울림

세상 속에서 사람들은
서로 어울리며 살아 간다.
때론 사람에 목마를 때가 있다.
그 어느 날 누가 나한테 안부
전화를 해 준다면
쏘 내가 누구한테 전화로 잘
있냐고 문안해 준다면
서로 얼마나 고맙고
감사한지 모른다.
세상을 살아 감에 혼자란 없다.
사람한테는 어울림이 꼭
필요하다는 것을 살면서
배워 간다.

뉘우침

때론 남에게 마음에 상처를
줄 때가 있다.
누구나 살면서 그런 실수가
있을 것이다.
하지만 뉘우치면 된다.
그러지 말았어야 되는데
스스로 용서를 구하고
앞으로 조심해야지 하며
다짐하는 것이 사람의
미덕이 아닐까.

다시 생각해 보니

어쩐지 부족함 없이 사는데도
행복하지 않을 때가 있다
다시 생각해 보니
만족할 줄 모르고
감사할 줄 모르는
어리석음 때문이었다
작은 행복에도 감사하고
그 행복을 소중히 여기는 것이
슬기로운 삶이라는 것을
오늘 다시 배운다.

더불어 사는 세상

세상을 살아 가는 사람들의
일상을 보면
웃음을 잃지 않고 행복해한다.
그들을 바라보는 나도 즐겁고
행복하다.
서로 인연은 깊지 않아도
바라보며 미소를 보내 주고
말을 건네 주는 사람들
더불어 사는 세상의 향기가
느껴진다.

생명체

길옆의 푸르름을 자랑하는
나무 한 그루를 바라본다
나무 위에 앉아 지저귀는
새들의 노래 소리가
귀맛 좋게 들려온다.
나무 그늘 밑에서 더위를
피해 가는 길손들도 보인다.
귀천 없이 무엇이든 포옹해
주는 나무 한 그루의 위대함을
보았다.

심성이 고와야

현명한 사람은 아무리
유명해도 내색 없이
겸손함을 보여 준다.
배운 게 많다고 아는 게 많다고
다 훌륭하지는 않다.
심성이란 사람의 눈으로
볼 수도 손으로 만질 수도
없지만
피부로 느낄 수는 있다.
심성이 고와야
현명한 사람이라 배워가고
있다.

새벽안개

새벽안개 너울너울 춤을춘다
아침을 알리느라 서두른다
안개가 사라지자 아침이
밝아 온다
새로운 하루가 우리를 반긴다.
청청한 하늘도 우리의 하루를
응원해준다.

어느 순간

살다 보면 어느 순간부터인가
우리 곁에 있던 소중한
사람들이 하나둘씩 보이지
않는다.
그들의 숨결까지 느껴
지는데
사람만 보이지 않는다.
보고 싶은데 너무 보고 싶은데.

잊지 마세요

행복했던 날들을 잊지 마세요.
슬펐던 날들도 잊지 마세요.
매양 슬프지만 않을 겁니다.
매양 기쁘지만 않을 겁니다.
모든 것을 안고 살아 간다면
언젠간 행운이 따라 올 겁니다.

시누이들

나에겐 이쁜 시누이 셋이 있다.
오랜만에 고향에서 만났다.
얼굴도 마음도 다 예쁘다
올케라고 반가이 맞아 주니
눈물이 핑 돌았다.
오손도손 나누는 서로의
이야기 속에서 사랑을 느꼈고
진실된 정을 느꼈다.

전화벨 소리

아들한테서 걸려온 전화이다.
여보세요, 그래 우리 아들!
아들의 목소리만 들어도
목이 메여 말을 잇지 못한다.
엄마를 울리는 아들의 전화
"어머니 항싱 건강 하세요"
열 마디 말 보다 더 값진 아들의
한 마디 부탁
아들의 그 목소리가
몇 일이 지나도 귀전에서
맴도는구나
우리 아들 언제면 또 만날까
항상 건강 잘 챙기고...
우리 아들 사랑해!

꽃처럼

꽃은 소리 없이 피고 진다.
우리 인생도 소리 없이
흘러 간다.
꽃은 피어 나면 세상에 향기를
뿌려 주고
우리 인생도 꽃처럼 세상을
빛내 준다
소원이라면 소중한 인생
꽃처럼 살다 갈 거라고
말해 보고 싶다.

보름달

이전엔 보름달이 저리
밝은 줄 몰랐다.
이전엔 보름달이 저리
둥근 줄도 몰랐다.
아~ 보름달!
오늘따라 지 보름달은 왜
저리 밝을까
오래오래 바라보며 너와 마음을
나눠 보고 싶구나.

친구가 최고야

아무 이유 없이 마음이 불안해
난다.
안절부절 못하고 서성거린다.
먹먹해 오는 심정 달랠 길 없어
고향 친구한테 전화를 걸었다.
친구가 하는 말이
자기도 때론 그럴 때가 있는데
괜찮을 거라고, 걱정하지
말라고 한다
친구와 한참 이야기를
나누었다.
친구의 따뜻한 말이 위로가
되어

마음의 안정을 찾는다.
뭐니뭐니 해도 친구가 최고야.

맛과 멋

석양의 노을을 보라
칠색 단장하였구나!
옷깃을 스치는 가을 바람
맞으며
노을길 추억 여행이나
떠나보자
지난날에 상큼한 청춘의
맛도 달콤 했지만
세월 속에 영글어 간 황혼의
멋도 우아하기만 하구나.

욕심쟁이

욕심으로 살아온 지난 날
오직 잘 살아 보겠다는 일념
하나뿐이었다.
세상엔 할 일이 너무 많은데
욕심 때문에
마음을 내려 놓지 못하고
욕심쟁이로 살아왔다.
놓쳐 버린 소중한 일들이
너무 아쉽기만 하다.

슬픔과 견뎌냄

오늘은 어쩐지 허망한 생각이
든다.
난데없이 죽음에 대한 생각을
한다.
생각을 피해 보려 애를 써도
자꾸만 떠오른다. 사실 슬펐다.
하지만 결국 견뎌 낼 수가
있었다.
인간은 왔다가 가야 하는 도리를
되새겨 보았다.
드디어 슬픔을 견뎌 내고 나혼자
입속으로 중얼거린다
당하지도 않은 일에 대해 왜
걱정하냐고.

4부

남은 삶 만큼은...

인생은 한순간이라고도 한다.
인생길 순간 순간의 갈피 속엔
아쉬움도 있고 후회도 있지만
아름다운 추억들도 너무 많다.
그 추억을 연주하는 멜로디
속에서 지난 세월에 대한
자호감을 안고 남은 여생
만끽하며 살아 가련다.

왜 못 잊어 하나

인간이란 이름으로 흐르는
눈물인가
추억 속을 헤치며 뚜벅뚜벅
걷다 보니
한 줄기 눈물이 주르르 흘러
내린다.
슬픈 눈물도 아니고
기쁜 눈물도 아닌데...
마음 잡을 곳을 찾아
높은 하늘만 바라본다.
잊고 싶지는 않지만
지나간 일들을 왜 아직도
못 잊어하나.

뿌리

보이지도 않는 컴컴한
땅속에서
아름드리 나무를 받쳐 주는
나무 뿌리
자신을 드러내지 않고
묵묵히
봄이면 움을 틔워주고
여름이면 숲을 이뤄내는
아름드리 나무를 보노라면
그 뿌리의 장한 모습이
피부로 느껴진다.

멋진 사람

흐르는 시간 속에서 인생을
배워간다
인생 길에는 누구나 할 일이
있고 필요한 곳이 있다.
꿈과 희망을 잃지 않고
열심히 살아가는 사람을 두고
멋진 사람이라 하겠지.

나이답게 멋을 부리자

외출할 때면 옷에 신경을 쓴다.
차림새에 신경 쓰는 이유는
스스로가 기분도 좋고
마음이 가벼워지기 때문이다
밖에 나가도 위축 받지 않고
자기의 풍격을 잃지 않기
위해서이다.
멋은 나이답게 부려야
사람들의 이목을 끌 수 있다.

새로운 삶

자식들 모두 자기 가족이 있고
손자 손녀들 모두 제노릇 하며
살아 간다.
인젠 내 손길은 필요가 없다.
좀 허전하기는 해도 새로운
삶이 펼쳐진다.
가족에 대한 부담감이 없으니
마음은 하냥 평온하다.
조용한 집 안에 혼자서
자신과 마주하고 소통하며
살아간다.
이렇게 나의 새로운 삶은
시작된다.

시련

고달픈 인생 길에서 시련을
겪어보지 않는 사람은 거의
없을 것이다.
시련이 다가올 때면 원망을
앞세우지 말고
당당하게 헤쳐 나가야 한다.
시련을 헤치고 나가다 보면
더 밝은 미래가 눈 앞에 펼쳐
진다.

황혼 인생

청춘과 젊음은 다 맛보았다.
인젠 황혼의 삶을 맛볼 때이다.
세월은 우리에게 나이만
선물로 준 것이 아니다.
자유의 시간을 허락해 주었다
하루 한달 일년 아무 걱정 없는
시간을 선물로 받았다.
그 이상 뭐가 더 바랄 게 있으랴!
막연한 근심 걱정 할 필요가
없다.
나이 듦의 특권을 받았으니
그 특권을 소중히 여기며
살아 간다면 황혼 인생은
더 빛이 날 것이다.

고독을 이겨내자

이전엔 내가 혼자가 된다는
생각을 해 본적이 없다.
그런데 언제부터 인가
내가 혼자 살고 있더라
고독이 밀려오고 외로움이
찾아온다.
고독을 이겨낼 방법을
찾아야 했다.
젤 먼저 찾은 것이 문학이었다.
문학이란 나로선 생소하지만
무조건 배워 보겠다는
결심을 가지고 뛰어 들었다.
다음으로 반려동물 보호자가
되여 버렸다.

이렇게 삶에 취미가 생기니
고독이 뭔지 외로움이 뭔지
모르고 하루하루 살아간다.

구름 한 쪼각

작은 가슴에 큰 꿈으로
유혹하는
높고 푸른 하늘 아래
한 송이 흰 구름이 두둥실
떠 있네.
저 하얀 구름 위에 무엇 하나
그려볼까.
걸어온 길보다 걸어 갈 길을
그려보면 어떨까
멋있게 멋있게!

세월은 내 마음 알까

자식 따라 타향살이 수십 년에
고향의 옛 모습은 변해가지만
마음에 자리잡은 고향은 여전히
옛날 모습 그대로이다.
철새들도 때가 되면 고향으로
가는데
무엇에 얽매여 그리움에 젖어
사는지
세월아~ 넌 내 마음 알겠지
그리움에 몸부림 치는
이 마음을.

여운이 남을 만큼

아무리 예쁜 꽃이라도 오래
가지 못한다.
겉으로 드러나 있는 아름다운
꽃은
시간이 지나면 사라지지만
아름다운 사람은 그렇지 않다.
시간이 지나고 세월이 흘러도
여운이 남을 만큼
사람의 마음에 빛을 보내 준다.
얼굴이 고와서가 아니라
마음씨가 햇님처럼 빛나고
따스해서이다.

먼저 베풀라

성품이 다른 두 친구가 있다.
한 친구는 이런 말을 한다.
"하루 종일 전화 한 번 문자 한 번
받아 보지 못할 때가 있다.
너무 외롭고 쓸쓸하더라"라고 말한다.
다른 한 친구는 이런 말을
들려 주었다.
아침에 일어나 하는 일이
친구들게 아침 인사말 전해
주는 것이 하루의 시작이란다.
두 친구의 말에서 나는 느꼈다.
누구한테서 먼저 받으려 말고
내가 먼저 좋은 인사말로
아침문을 두드려 준다면
그는 얼마나 고마워 할까.

고맙습니다

바람 타고 날아 온 문자 메시지
조용히 아침 잠을 깨워 줍니다.
누굴까 누굴까
일년 삼백육십오일 하루도
빠짐 없이 마음 담아 보내 주는
짧은 아침 인사말
하루 내내 힘이 되고 위로가
된답니다.
고맙습니다, 사랑합니다.

그리움

마음속에 그리운 사람이
있다는 것이
얼마나 다행인지 모른다.
그리울 때마다 떠오르는
그 얼굴들
그들의 환한 모습이
그리움을 달래 준다.
난 그를 그리워하고
그는 날 그리워하며
서로가 서로를 그리워하며
살아가니
삶이 더 애틋하더라.

마음이 아프다

우리 어머니 아버지도 누군가의
자식이었다.
아니 누군가가 아닌
우리 할머니 할아버지의
소중한 자식이었다.
그런데 그것을 느끼지 못한 채
어머니 아버지께 많은 사랑을
받아 왔지만
고생하시며 우릴 키워 주신
어머니 아버지께!
아버지 어머니께!
효도 한번 못하며 살아 온 것이
마음이 아프다.

서녘 노을

인생의 희노애락으로 수놓은
저 멀리 보이는 서녘 노을!
그곳에 그대의 마음이
보이는구나
한 가닥 빛에 휩싸인 그대의
영혼도 보이는구나

풀들의 모습

모진 바람이 불어와도
쓰러지지 않는
저 연약한 풀들을 보라.
쓰러질라 하면
곁에 풀들이 잡아 주고
부추겨 준다.
서로 의지하고 단합해 가는
풀들의 모습을 보면서
자연의 아름다움과
신비로움을 함께
느껴 볼 수가 있었다.

잃은 것과 얻은 것

비록 젊음은 잃었지만
잃은 것 보다 얻은 것이 더 많다.
나이가 늘어난 만큼 얻은 것도
그 만큼 늘어난다.
얻은 것이 많으니 세상을
다 가진듯
보람을 느끼며 살아간다.

인간의 본색

오랜 세월 지나 오면서 터득한
삶이 곧 인간의 자세이다.
인생의 전반전에서 놓쳐 버린
소중한 것들을
인생 후반전에 채워가며
잘 마무리 하는 것 또한
인간의 본색이라 알고 있다.

희망의 끈

희망은 어려움을 극복해 준다.
희망은 쓸어질지라도 결코
꺾이지는 않는다.
작은 성과에 만족하기 보다
또 다른 새로운 꿈과 희망을
가져 본다.
어디까지나 희망의 끈을
놓지 않고 살아 간다면
그 인생은 성공한 인생이라
말하고 싶다.

눈물과 미소

시련을 헤가르며 울고 웃으며
걸어온 길이 인생 길이다.
그 길이 바로 내가 걸어온
길이고
앞으로 끝까지 가야 할
길이기도 하다 .
눈물과 미소는 인생의
동반자로
함께 가야 하는 삶의 친구이다.

마음의 소리

마음의 소리에 귀를 귀울리니
무언가 속삭속삭 들려 온다.
고독과 외로움, 그 친구들이다.
그 친구들과 여쭤 보았다.
왜서 나한테 가까이 하냐고
고독과 외로움을 이겨 낼 줄
모르면 절망에 빠질 수 있으니
정신줄 놓지 말라고 한다.
아 , 그렇구나…
그때부터 갸네들과 더 친하게
보내고 있다.

단풍잎

꽃들이 활짝 피어 제자랑 하던
따스한 봄날과
무성한 수풀로 손님들을
반기던 여름이 어제 같은데
봄과 여름이 자리를 비워 준
온 대지에
어느 새 가을이 주인이 되었네.
서늘한 가을 바람에 농익은
단풍 잎들은 하나 둘씩 땅에
떨어진다.
아, 하나 또 하나의 단풍잎들
어찌 사람들에게 버림 받는
자연의 쓰레기라 하겠는가!

한국에서의 추억 (1)

한국생활 십여 년에 재밌던
일들이 잊혀지지 않는구나.
어디가든 연변 사람이라고
금방 알아 버린다
말 한마디 듣고 연변에서
오셨군요 라고 한다.
누가 묻는다, 왜서 연변말을
고집하냐고.
"왜요 우리 고향 말투인데
어려서부터 입버릇처럼
써 오던 말인데 굳이 고쳐야
합니까"라고 공손히 대답해
주군 하였다.

한국에서의 추억 (2)

우리가 살던 근처에 도림천
이 있었다.
도림천에 나가 산책하며
기분 전환도 하군 하였지.
맑고 깨끗한 물에
발을 담그고 앉아 있으면
물 속에 고기떼들과
물 위에 쌍쌍의 물오리들까지
사람들의 시선을 끈다.
산책길에 나선 사람마다
자연에 빠진 듯
행복과 즐거움을 만끽한다.
도림천은 나한테 외로움을
달래주던 유일한 곳이었고

또다시 가보고 싶은
추억이 담긴 곳이기도 하다.

한국에서의 추억 (3)

우리집엔 비싼 명품 옷이
고스란히 옷장에 걸려 있다.
한국에 있을 때
한 유명 연예인에게 받은
소중한 선물이다.
그 옷을 꺼내 입을 때마다
한국 생활에서
잊지 못할 일들이 새삼스레
떠오르군 한다.
정이란 서로 주고 받는데서
인간의 참된 사랑이 쌓여
간다는 것도
새롭게 느껴 보군 한다.

바다

무엇이든 다 알고 싶고
무엇이든 다 해보고 싶고
하늘의 별이라도 따 오고
싶은 것은
욕심에서 생기는 허망한
생각일 터
잔잔하게 흐르는 저 바다를
바라 보아라
맑음과 푸름을 안고
욕심 없이 여유로이 흐르고 있지
않은가.

민들레

산에도 들에도 그 어떤 곳이든
뿌리를 내리고 자라는
민들레
귀천 없이 자라서 꽃을 피워
세상에 꽃씨를 다 날려
선물하고도 자기의 쓴맛까지
사람들께 아낌 없이 보여주는
착한 민들레여.

정직한 사람

정직한 사람에게 늘 행복이
찾아 온다고 하네.
정직함이란 솔직하고
고운 성품을 말할 것이다 .
남을 배려할 줄도 알고
감사할 줄도 아는 사람
욕심과 야망, 그런것도
다스릴 줄 아는 같은 사람
말은 쉬우나 노력 없인
그런 사람으로 살아 가기란
쉬운 일이 아니리라.

작은 소망

작은 소망도 삶의 향기를
풍기며 하루를 빛낼 수 있다.
작은 소망으로 시작하여
또 다른 큰 꿈을 안고 살아
간다면
이루어 보자는 꿈과 소망에
꽃이 필 수 있고
그 꽃을 보며 미소 지을 수도
있으리라.

짝사랑

함께 할 수 없는 한 사람을
마음에 안고 살아 갑니다.
수줍은 그녀는 그 사람을
사랑하면서도 말 한번
나눠보지 못한 채
오랜 세월을 지나면서
지금까지도 그 사람을
못 잊어 한다네요.
말 한번 나눠 보지 못한
그녀의 야속한 짝사랑은
지금 어디서 살고 있는지.

작가 소개

홍옥자

길림성 왕청현 출생.
왕청현 3중 졸업.
연변 조선족 가사협회: 해란강 여울소리 잡지에 우리글 우리노래 가사 「비 내리는 밤」, 「아버지」 등 다수 발표.
우리글 문학 잡지사: 송화강, 연변여성, 청년생활, 로년세계, 흑룡강 신문, 한국 문학생활에 수필 다수 발표.

수필
「친구의 슬픔」, 대련 조선족 문학회 제2회 〈북경 동계올림픽〉 문학상 우수상 수상.(2022년 8월)

시조
대련 조선족 문학회 시조 발표회 은상 수상.(2021년 11월).
연변 시조협회 창립 30돌 기념 중국 조선족 시조집에 「꽃씨」 외 1수 발표.